AF279389

A todas las personas que se enfrentan cada día a los imponderables de la vida.

Camila corría tras ellas, sin apenas tropezarse, a través del enorme jardín de la abuela María.

Las mariposas solían posarse encima de los arbustos de margaritas lilas que subían por la tapia y, en días de mucho sol, descansaban en las macetas de colores que recubrían el brocal del pozo.

Camila tenía siete años
y le encantaba pasar los
veranos allí, cerca del cielo,
como siempre relataba su
hermano Bruno.

La casa de su abuela estaba en la cima de una montaña y su cabeza prácticamente rozaba las nubes. En la ciudad no era así, el cielo estaba mucho más lejos y, además, no se despertaba con el timbre de los cencerros rozando su ventana.

En el campo todo era diferente.

Pasaba las tardes bañándose en el agua helada de la poza, descubría diminutos bichos de bola bajo las piedras de la charca y devoraba todo el pan con azúcar que se le antojaba.

—Levántate, Camila.

Aquella mañana, la voz de la abuela sonó algo extraña.

—Han llamado tus padres y debemos volver a la ciudad.

La mirada de la abuela se mostraba diferente. Sus ojos estaban pequeños y arrugados, como el hueso de un albaricoque. «¿Estará triste?», pensó Camila. Parecía que hubiese llorado mucho.

Se levantó de un brinco y fue corriendo hasta la cocina. No quería enfadarla. El desayuno la esperaba como siempre encima de la mesa: unas grandes tostadas de pan caliente que estaban tapadas con una servilleta de rombos azules y se encontraban junto al bote de mantequilla y el tarro de azúcar blanco.

El preferido del abuelo Manuel.

Desde que este se había ido con las personas bondadosas a la eternidad, en cuanto acababan el colegio, sus padres los llevaban con la abuela para que no estuviera tan sola, o, al menos, eso era lo que le había escuchado a su padre.

La verdad es que la abuela María parecía feliz cuidando de ellos. Siempre sonreía y les tatareaba canciones de su infancia.

Bueno, no siempre.

Algunas veces, Camila hacía algunas cosas, cosas que la abuela llamaba «trastadas temerarias» y que la enfadaban un poco; como aquel día en el que guardó en una bolsa de plástico una rana de la charca y la escondió bajo la

almohada. Quería comprobar si también dormía durante la noche. Cuando la abuela, que tenía el oído muy fino, la escuchó croar a media madrugada desde su habitación, se levantó y la sacó fuera de la casina.

Su hermano, en cambio, no era así de temerario, palabra que ya se había aprendido de carrerilla. Al ser dos años mayor que ella, siempre se mostraba tranquilo y calmado.

A Bruno le encantaba leer bajo la sombra del quejigo centenario que había cerca del río. Algunos días se encaminaba hasta allí, solo, y no volvía hasta mucho rato después. Hablaba de las aventuras que había leído o incluso había imaginado, porque Bruno quería ser cuentista, palabra que a él le encantaba, y anotaba historias en una libretilla marrón fuerte que no dejaba leer a nadie, ni siquiera a la abuela.

A cambio, le daba unos achuchones enormes porque Bruno sabía dar los mejores abrazos del mundo. Primero te abrazaba suave y, poco a poco, te iba estrujando entre sus brazos con mucha fuerza hasta que casi no podías respirar.

La abuela siempre le protestaba que la iba a dejar sin aire en los pulmones. Pero acababan riéndose a carcajadas.

Aquel verano era distinto.

Había subido ella sola a la montaña de la abuela y Bruno se había quedado en la ciudad. Y eso parecía un poco raro porque tanto papá como mamá no trabajaban desde Navidad. «Estamos de baja» le había escuchado decir a su madre a la señora Trinidad, la vecina del tercero, sin comprender muy bien qué significaba eso.

Lo que sí sabía Camila era que cada dos días tenían que ir con Bruno a un hospital, según su hermano, para personas especiales y con poderes.

Aquella madrugadora llamada había sobresaltado a María.

—Tenéis que venir Camila y tú —dijo su hijo Luis al otro lado del teléfono.

No había opciones. Despertó a su nieta aunque antes le preparó el desayuno.

«Debemos estar bien fuertes», pensó María mientras fijaba la vista en una fotografía que colgaba de la nevera. En ella aparecían sus nietos en la poza.

La había hecho el verano pasado cuando los rizos, dorados por el sol, todavía caían sobre la frente de Bruno. El niño sonreía y abrazaba a Camila. Tenía una expresión risueña y honesta que no se le había borrado ni un solo día desde el inicio de la enfermedad. Incluso cuando lo ingresaron de urgencias, después de la verbena de San Juan, se mostró sereno y animoso.

Llegaron a la ciudad después de bajar del pueblo en el autobús de la mañana y más de cien kilómetros en tren. Fueron directas hasta la casa de su hijo, donde su nuera estaba esperándolas.

—¡Cami, qué ganas tenía de abrazarte! ¿Te has portado bien con la abuela, verdad? —dijo la madre mientras se arrodillaba y la abrazaba.

—¡Mami! —exclamó la niña emocionada—. He sido muy buena. Solo me ha reñido tres veces, bueno cuatro, pero ya me ha perdonado. ¿A que sí?

—Claro. —La abuela le acarició la mejilla—. ¿Puedes subir a tu habitación la bolsa de ropa, por favor?

María deseaba quedarse a solas con Inés.

En cuanto su nieta voló hasta el dormitorio, su nuera le explicó la situación de Bruno.

La leucemia se había vuelto más agresiva. Las sesiones de quimioterapia no habían servido de mucho. No remitía. Los médicos les habían dicho esa misma semana que la única solución era un trasplante de médula. En el banco de donantes no habían encontrado, hasta el momento, a nadie compatible, así que los familiares directos eran posibles candidatos. Ellos ya se habían hecho las pruebas pero no habían salido positivas. Faltaban ellas dos.

Inés se echó a llorar. Le confesó a María que no deseaba ver a su niña con una bata blanca ingresada en el hospital.

—¡Mamá! ¿Dónde está Gorgui? No lo encuentro —gritó desde su habitación.

—Cami, cariño, baja. ¿No te acuerdas que se lo dejaste a Bruno? —dijo intentando recomponerse—. Venga que vamos a ver a tu hermano. Iremos en metro, como a ti te gusta.

A Bruno le habían dado una habitación pintada de azul brillante, con los bordes de la ventana y el zócalo en amarillo. En el centro había una cama que se levantaba con un botón, un armario enorme y un sofá de piel. Pero lo que más le impresionó fue la pared frente a la cama. En ella había dibujado un genio enorme saliendo de su lámpara mágica. Estaba pintado con colores estridentes y era igualito al de Aladdín.

Envidió en ese instante la suerte de su hermano, pues, cada noche, antes de dormir, podía pedirle un deseo. Y seguro que se le cumpliría porque su hermano era muy afortunado. Como cuando participó en el concurso de dibujo de las fiestas del barrio Puente Viejo, ganó el primer premio y le dieron una caja de cuarenta y ocho colores en la que venía el color oro. ¡En su clase nadie tenía el oro! Siempre le tocaba lo mejor. Igual que los sábados en los que pedían pizza y le servían el trozo más grande con muchísimo queso fundido.

Aunque últimamente ya no comía nunca pizza. Desde hacía unos meses el queso no le sentaba bien y se pasaba la noche en el lavabo. Ella lo oía desde su habitación y también a su madre, susurrándole mientras le frotaba con agua la frente. Porque eso era lo que hacía su madre cuando vomitaban.

Al menos, en el hospital, según le había contado Bruno, le servían helado de vainilla en las comidas.

Eso era cosa del genio, seguro.

Cuando llegó su padre, la sacó de la habitación y se la llevó a dar un paseo. Le explicó que les iban a hacer unas pruebas a la abuela y a ella. Nada complicado: tomar la temperatura y el pulso, un pinchacito para poder sacar sangre y alguna cosa más. Le dijo que las dos eran muy importantes y que si tenían una médula parecida a la de Bruno, le darían un poquito a él, porque la suya estaba enferma.

—¿Como cuando a las lagartijas les cortan el rabo y les sale otro? —preguntó Camila con un tono más agudo del habitual.

—No exactamente. No os van a cortar nada. Es más bien un líquido. Vuestro líquido puede hacer que Bruno se cure.

Camila no entendía muy bien a qué se refería su padre, pero lo único que quería era volver con su hermano a casa de la abuela.

—Bruno y tú seréis mucho más que hermanos. Una parte de ti estará siempre con él. ¿Lo entiendes, Cami? —preguntó el padre dibujando círculos invisibles en el dorso de su mano.

Camila apreció la tristeza en sus ojos. Desde que Bruno había empezado con el cansancio y los mareos, lo había dejado todo para dedicarse a él por completo. Ya no iba de viaje a Madrid, ni se encerraba tantas horas en el despacho, y mucho menos cogía la bolsa naranja en la que guardaba su raqueta. Ya no iba los sábados a jugar a pádel.

Al abrir los ojos, lo primero que vio Camila fue a Gorgui, su dragón verde. Su madre se lo había puesto en el almohadón. También le vino a la cabeza una mariposa coralina con la que había soñado.

Al poco, reparó en el rostro de sus padres, parecían felices, pues no paraban de abrazarla y darle besos por los brazos.

—Todo ha ido muy bien, cariño —dijo el padre emocionado.

A su madre no le salían los sonidos de la garganta.

—¿Y Bruno? —preguntó Camila.

—En su habitación con la abuela. Todavía está dormido, pero seguro que cuando despierte, podrás ir a verlo.

El padre la abrazó como solo los Aranda sabían hacerlo: primero suave y luego apretando un poco más y más fuerte. Esta vez no la dejó sin aire porque tenía demasiados tubos enganchados al brazo.

Cuando Bruno despertara irían todos a darle una sorpresa.

«Con lo suertudo que es seguro que la médula le crecerá a la velocidad de la luz», pensó Camila.

Pero algo no fue bien en ese último intento
de vencer a la leucemia.

Bruno estaba demasiado cansado y solo quería que su madre le leyera libros de aventuras, como la leyenda del pirata Alpargata, aquel que surcaba los mares con su pata de palo calzada por una alpargata.

En aquella historia luchaba en uno de los islotes de las Islas Hormigas. El pirata Alpargata había vencido a un temido bucanero inglés gracias a las ingeniosas artimañas de su tripulación. Y eso que eran muchos menos.

Bruno pensaba ilusionado en cómo le gustaría ser uno más en el barco del capitán Alpargata, en poder bañarse por las noches en el mar y en ganar muchas batallas contra los malos.

Porque Alpargata era un pirata bueno que repartía el botín entre todos los que iban en su barco, El Soñador.

Y Bruno se fue durmiendo, tranquilo, surcando mares, recorriendo estelas, nadando por las aguas del Mediterráneo, sin perder jamás su eterna sonrisa hasta llegar a la eternidad, como todas las personas bondadosas.

Aunque tal vez no fue así.

Tal vez sucedió que solo trece días más tarde de la operación el genio concedió el mayor deseo de Bruno: poder salir del hospital de las personas especiales y volver a casa de la abuela.

Ese gran día se subieron los cinco en el coche de la madre que era más grande y además se podía conectar la música del móvil.

Se dirigieron hacia la montaña más alta,
la que estaba cerca de las nubes.

Sonaba una de las canciones favoritas de papá y empezaron a cantarla los cinco a grito pelado, incluso mamá, y eso que ella no sabía afinar. Camila no dejaba de mirar a su abuela. No sabía si lloraba de risa o se le había colado algún bicho en los ojos de tanto que se los frotaba.

«Qué suerte tenemos», pensó Camila.

Volvían a irse de vacaciones todos juntos antes de empezar el colegio. Podría corretear tras las mariposas, comer ese pan calentito con mucho azúcar blanco y, sobre todo, podría bañarse con Bruno en el agua helada de la poza.

En su familia eran todos unos enormes suertudos.

© Carmen Alcolea Otero (de la obra)
©Apuleyo Ediciones (de esta edición)
Primera edición en Apuleyo Ediciones: Febrero 2024
Diseño de cubierta: Sofía Corzo González
Corrección: Aitor Andreu Guerrero
Maquetación: Alejandro Bermejo Cercas
Ilustraciones: Larissa Reis
Coordinación editorial: Isidoro Cidre González
info@apuleyoediciones.com
www.apuleyoediciones.com
ISBN: 978-84-10068-68-1
Depósito legal: H 590-2023

Hecho e impreso en España.